बातें अनकही

कृति कश्यप

Copyright © Krity Kashyap
All Rights Reserved.

This book has been published with all efforts taken to make the material error-free after the consent of the author. However, the author and the publisher do not assume and hereby disclaim any liability to any party for any loss, damage, or disruption caused by errors or omissions, whether such errors or omissions result from negligence, accident, or any other cause.

While every effort has been made to avoid any mistake or omission, this publication is being sold on the condition and understanding that neither the author nor the publishers or printers would be liable in any manner to any person by reason of any mistake or omission in this publication or for any action taken or omitted to be taken or advice rendered or accepted on the basis of this work. For any defect in printing or binding the publishers will be liable only to replace the defective copy by another copy of this work then available.

एक समय ऐसा आया की जब मेरे पास जीने की वजह और इच्छा दोनों ही नहीं थी पर जभी मैंने खुद को संभालते हुए लिखने की शुरुआत की। अपनी तनहाई से लेकर खामोशी तक सब लिखा, और मेरे जीने का सहारा मेरी लेखनी बन गई। मैं आज लिखते-लिखते यहां तक पहुंची और मैं इसका श्रेय खुद को देती हूँ क्योंकि मैंने बहुत कुछ झेला है और बिना हिम्मत हारे खुद को संभाला।

क्रम-सूची

1. जीने की वजह — 1
2. भुले नहीं — 2
3. कालचक्र सी जिंदगी — 3
4. ओस की बूंदे — 4
5. यादों की तिजोरी — 5
6. पतझड़ — 6
7. कुछ उसूल — 7
8. कायनात — 8
9. चार दिन — 9
10. हाथों में चिंगारी — 10
11. चांद का शबाब — 12
12. बेटियां — 13
13. पिता — 14
14. चेहरा — 15
15. मोहब्बत की यादें — 16
16. तुफान — 17
17. जिंदगी एक सफर — 19
18. हां हुं मैं धूल — 20
19. स्त्री का सफर — 21
20. हमारी गरीबी — 22
21. तुम और मेरी खामोशी — 23
22. हर लड़की की यही कहानी — 25

क्रम-सूची

23. हमारा प्यार तुझे बुलाएगा	26
24. पुरानी यादें	27
25. मन	28
26. तेरे आंगन में	29
27. तंग कर तारें	30
28. किरणों की महक	31
29. अभीषेक की स्वीकृति	32
30. मंजूर है	33
31. ख्वाब	34
32. हुश्न	35
33. नींद	36
34. दुबारा प्यार	37
35. अधूरी मोहब्बत	38
36. वो मुझे मिल नहीं पाएगा	39
37. कोई अपना नहीं यहां	40
38. मां	41

1. जीने की वजह

अगर मुस्कुराने की कोई वजह छीने,
तुम मुस्कुराना बंद नहीं करना किसी भी परिस्थिति में।
जो तुमसे नफरत करते हैं ना
तुम उससे मतलब नहीं रखना किसी भी स्थिति में।
पर तुम मुस्कुराना बंद नहीं करना किसी भी परिस्थिति में।

तरक्की के उस बुलंदी को छूना तुम जो सब तुम्हें प्यार करें,
चुनना उस माहौल को जो तुम्हें आबाद करें।
चलना उस रास्ते पर जहां तुम्हें बस मंजिल ही मिले,
रास्ते कितने भी कठिन क्यों ना हो या कांटे बिछे हो।
बिना रुके पीछे मुड़े बस चलते रहना ,तुम चलते रहना
जैसे बन गए हो तलवार की धार तुम।
चमक तुम्हारी देखकर सब कदम पीछे कर लें।
अगर मुस्कुराने की कोई वजह छीने,
तुम मुस्कुराना बंद नहीं करना किसी भी परिस्थिति में।

2. भुले नहीं

माना कि हम हँसते हैं गमों में भी,
हम रोए भी तो साथ देने वाला कोई नहीं।
माना कि भूल बैठे हैं तुझे हम,
पर खुद को अभी तक हम भुले नहीं।
तुझे समेट कर रखा हैं दिल में अभी तक,
इसलिए तुझसे अब प्यार का दिखावा करते नहीं।
माना कि वह बीत गए दौर पुराने,
पर खुद को मैंने इतना भी ना चाहा कभी।
ये तेरे दिए हुए निशानी का असर है,
की अब दुनिया से हम मतलब रखते नहीं।
चलो एक शुरुआत करते हैं अब,
तुम अजनबी बनो और हम मतलबी।
माना कि अब हम बोलना चाहते हैं सब,
और अब तुम्हारे साथ की मुझे जरूरत नहीं।
अपनी जिंदगी में लौट कर खूब मुस्कुराना है
इस खुशी पर मोहब्बत की नजर अब लगानी नहीं।

3. कालचक्र सी जिंदगी

जिंदगी से हम महफूज कहा
कालचक्र की तरह है ये जहां
हमने सोचा पा लु मंजिल आसमानों में
पर ये ना सोचा हमारे नसीब ले जाते हैं जहां तहां
खैरियत की बात मैं कर लु अगर वो कहें
पर खुदा है हमारा, हमारे पास यहां
और सोचा तो था हमने भी बहुत की खुश रहु
पर दुखों ने दरवाजा मेरा ही चुना
अब कैसे कहूं कि रात ना हो
गम की दीवारें मुझे चोट दे देकर कहा
तेरी जितने भी आंसू है बहा लो
एक रात अंधेरे में बिता लो
कल की रोशनी तुझे एक पैगाम देगा
पूरी जिंदगी एक ऐसा प्रकाश देगा
ख्वाहिशों का रास्ता पूरे करके
एक मंजिल तुम्हारे नाम का देगा

4. ओस की बूंदे

जैसे ओस की बूंदे मेरे मन को छुती है
वैसे तेरा प्यार मेरे तन को छुती है
गरजते बादल हमारे किस काम के
जब बारिश ही ना होगी मौसम के हिसाब से
कोई दरिया का पानी पीता है
तो कोई जीने के लिए पानी बेचता है
हम गांव से शहर आए मंजिल की तलाश में
वो शहर से आया गांव में घर बनाने
हमने हर मुमकिन को मुकम्मल की है
तब जाकर कुछ पैसे हाथ में आई है

5. यादों की तिजोरी

वो यादों की तिजोरी ,हमने रखे संभाल कर
संताप में आलिंगन , रहे हमारे जहन तक
हर तोहीन को लपेटे काले कपड़े में
अनन्त उम्र के आखिरी पड़ाव तक
रुखसत तो उस दिन होकर रहेगी
जब पहुंचेंगे धोखेबाज हमारे घर तक
जाते वक्त उपहार भेट में साथ चली जाएगी
फिर पछतावा ना होगी मुझे किसी बात पर
जा -ब -जा वह गिरते चलेगा
फिर सुकुन आएगी हमारे रुह तक
यकीनन मुझे खामोशी के चादर में लपेट कर
विलुप्त करेगा मुझे खुद से खुद तक

6. पतझड़

पतझड़ के सूखे पत्ते, आग जलाने के काम आते हैं
उस से उठने वाले तपन, रोशनी के काम भी आते हैं
इंसान के परछाइयां भी हर हाल में साथ निभाते हैं
गहरे अंधेरे में भी वो इर्द-गिर्द विलुप्त के साथ मंडराते आते हैं
अधीरता अगर ना हो, जिंदगी में कभी
तो हम घबराहट में आकर गलत की ओर चल जाते है
हम आसमां की ख्वाहिश रखने वाले हैं
फिर क्यों विलंब हो रहा ये सोच दरीचे से कूद जाते हैं
यहां हर कोई परिपूर्ण नहीं है
और कोशिश भी ना करें ऐसा हम नहीं हैं
ठोकरो से चोट सह सहकर पुनरावृतिया करते हैं
गोया हम साहिल पर ठहरते हैं

7. कुछ उसूल

कुछ उसूल है जो निभाना पड़ता है
कंठ पर रखकर प्यास बुझा ना पड़ता है
मध्यम - मध्यम हवाओं से कड़ी धूप में जिंदगी बिताना पड़ता है
हर वेदना को अपने मुस्कुराहट से छिपाना पड़ता है
ताउम्र अपनों के खातिर हर कथन को सुनना पड़ जाता है
काटो के रास्ते में खुद को परिपूर्ण बतलाना पड़ता है
हर ज़ख़्म को हृदय में बसा के बिरहा को गले लगाना पड़ता है
अनन्त तक संताप को आलिंगन में खो जाना पड़ता है

8. कायनात

खुद के ख्वाबों में खोने का अलग ही मजा है
कायनात से क्या मांगू वो तो सब कुछ दे चुका है
निशब्द पड़ा ये लफ्ज़ अब तो बस हाथ चल रहा है
सुनसान डगर पर बस काम चल रहा है
तारों की रोशनी बादलों में अदृश्य हो रहा है
चांद पर जाने का जुगाड़ चल रहा है
ये ओस की बारिश सुबह-सुबह देखो, हवा में संगीत बह रहा है
कल्पना भरा नदियां हमारे पैरों तले गुजर रहा है
हर ओर शोर और शोर बस शोर चल रहा है
इंसानियत के नाम पर फरेब ठंग रहा हैं
इस खूबसूरत सी दुनिया में हर घर से बिजली की रोशनी आ रही है
रात के अंधेरों में जुगनू को भगाया जा रहा है

9. चार दिन

कांटे के भंवर में फंस कर ज़िया तो क्या ज़िया
फूलों की उसूल की तरह जियो, चार दिन ही जिया, पर खिल कर जिया
वह महक बनो जो सबको मोहित कर जाए
दीर्घ काल जीवन में दुसरो को दुःख का कारण ना बनो
एक कसक लिए अपने मन में, जिम्मेदारियों के बोझ से ना दबो
उठो और चीर दो आसमान का सीना अपने आप को कमजोर ना समझो
जहन में बस ख्याल ना आए ,अगर गिरे तो कौन उठाएगा मुझे
तुम खुद को इतना मजबूत बना लो, एक ऐसा तुम हथियार बन जाओ

10. हाथों में चिंगारी

अपने जहन से उतार कर एक बात सोचना
रख कर हथेली पर चिंगारी रात सोचना
अगर मिले कोई अजनबी अपना बनाने को
हाथों में हाथ रखने से पहले सौ बार सोचना
मिल जाते हैं बहुत लोग नुमाइश करने वाले
तुम अपने नजाकत को छुपा कर रखना
कौन क्या है ,अपने मन में धूल लिए बैठे
तुम हवा से उसकी औकात पूछना
पंछी को आसमानों में उड़ना पड़ता है
पर उस के आशियाना का नाम पूछना
लग जाते हैं सफेद कपड़ों में दाग आसानी से
तुम काले धागे का भी राज पूछना
अपनी जहन से उतार कर एक बात सोचना
रखकर हथेली पर चिंगारी रात सोचना
दोस्तों के भी आते हैं बहुत बहाने
अगर आफत में साथ दे , तो साथ रहना
यहां तो मुस्कुराने की वजह कई है
पर वजह एक हो मुस्कुराहट के तो, वो वजह सोचना
और मरना तो हर एक के नसीब में है
पर मर कर भी हर किसी के दिलों में जिंदा रहे ,ऐसा काम सोचना
हम गिरते हैं उठते हैं और चलते हैं
पर हर बार उतार-चढ़ाव हो ,ऐसा क्यों है ये सोचना

जब अपने बेगाने बनने लगे स्वार्थ होकर
उस स्वार्थ को उसके साथ ही छोड़ देना
अब मौसम सुहाना किसे पसंद नहीं
पर वो धूप में खड़े तुम इंसान ही रहना
अपने जहन से उतार कर एक बात सोचना
रखकर हथेली पर चिंगारी रात सोचना

11. चांद का शबाब

सन्नाटा और खामोशी में आसमान हीं दिखता है
रातों को चांद सा शबाब ही दिखता है
चुमती है रौशनी जब किरणें बनकर
करीब से शीतलता का अभाव दिखता है
ठहर जाती है टिमटिमाते तारों के बीच नजरें
बादलों में किश्ती का बहाव दिखता है
प्रीत लगाकर आरजू जब ख्वाबों में बहे
प्रेमियों का संगम साथ दिखता है
कोई बेचैनी में नहीं प्रशमीत है सब
रागिनी में तृष्णा का स्वाद दिखता है
धुंधली सी हर दिशा धरती की ओर
झरनों से संगीत का अनंत काल तक ध्वनि बहता है
ओढ़ कर सौगात में शृंगार निशा
मानो खूबसूरत पूर्णिमा इस जुल्मत में दिखता है

12. बेटियां

बेटियों को यू ना मोतियों से लपेटा करो
वो खुद पिरोएगी एक अलग जहां
उसके पैरों में पायल के जंजीरे ना पहनाओ
उसके हाथों में कलम के हथियार तुम दे डालो
वो ख्वाहिशों के मंजिल खुद तय करेगी
बेरंग दुनिया को वह अपने ख्वाबों से रंग भरे गी
तीर और धनुष वह खुद ही बन जाएगी
एक नई तलाश एक नई पहचान वो उसूलों के साथ चलेंगी
उसके हुनर ही उसकी दौलत बनेगी
गहनों से ज्यादा तरक्की में वो खूबसूरत लगेगी
बेटियां बोझ नहीं बेटियां सहारा है
तुम जरा तो समझो वो तुम्हे अपने सर आंखों पर रखेगी

13. पिता

रूठे किस्मत को भी पिता बदल देते हैं
सही दिशा की राह हमें दिखाते हैं
हमारी हार को भी वह हारने नहीं देते हैं
हमें मुस्कुराहट के लिए वह हर कोशिश कर जाते हैं
हर मुसीबत से लड़कर हमें रोटी और अच्छी शिक्षा देते है
बारिश में टपकते छत से पानी में वो सारी रात खड़े रह जाते है
खुद को ढाल बनाकर हमें चैन के नींद सुलाते हैं
हमारी आंसू देख कर वो अंदर से टूट जाते हैं
हमारी सर दर्द पर भी उस सारी- सारी रात जग जाते हैं
अपने सारे गम को छुपा कर हमारी खुशी के लिए वो सदा मुस्कुराते हैं
खुद तकलीफ में रहकर ,हमें कामयाब बनाते हैं
हर त्यौहार में एक ही कपड़ा वो पहनते हैं
और हमें हर त्यौहार में अच्छे से अच्छा कपड़ा दिलाते हैं
उनके जिंदगी में हर लम्हा नया इम्तिहान आता है
और हमें वह हर लम्हा हंसाते हुए हमें छोटे से बड़े करते हैं
खुद टुटे होते हैं अंदर से इतनी हद तक
पर हमें हौसला और बुलंदी का ज्ञान सिखाते हैं
रूठे किस्मत को भी पिता बदल देते हैं
सही दिशा की राह हमें दिखाते हैं

14. चेहरा

इस चेहरे के पीछे इतने राज हैं
हर कोई इसे समझ नहीं पाएगा
कभी सुलझते हैं तो कभी उलझते भी हैं
हर कोई इसका हिसाब नहीं कर पाएगा
हम कली से गुलाब क्या हो गए
हर कोई इत्र लगाए मिल जाएगा
खामोशी ,तन्हाई छिपे हैं इस दिल में
पर चेहरे से हंसी का गुरुर नहीं जाएगा
इस चेहरे के पीछे इतने राज है
हर कोई इसे समझ नहीं पाएगा
बिखरी है हर एक खुशी हमारी
हर दर्द हमें रुला कर भी कहां जाएगा
अपनो का घमंड देखा हैं इस चेहरे ने
अपनी गरीबी का सवाल भी तो उठाएगा
कहां तक जलील करेंगे लोग हमें भी
वक्त इस चेहरे को अमीर भी तो बनाएगा
बहुतों ने किया है हमें नजर अंदाज
हर नजर अंदाज का कर्ज भी तो चुकाएगा
इस चेहरे के पीछे इतने राज है
हर कोई इसे समझ नहीं पाएगा

15. मोहब्बत की यादें

हर रात मैं यादों को पिरोती हूं आंसुओं के साथ
जागती हूं तन्हा ही खामोशियों के साथ
उठती है कसक मेरे मन में कई बार
क्या मोहब्बत जरूरी था तुम्हारे साथ
जब रहनी नहीं थी जिंदगी में एक साथ
फिर क्यों आया था मेरे पास, करने इजहार
हमारी खुशी छीन कर तुझे सुकुन तो बहुत मिली होगी
हमारे निंदो का क्या, आंखों में जो रहती ही नहीं
खैर रुखसत हो गया मेरे दिल से अब तू
जाओ अब नहीं करनी तुझसे कभी बात
अब यादों को भी रातों में सुलाकर
मैं तन्हा रहूंगी खुशी के साथ
ये मन का क्या है मन तो हमारा है
अब बेचैनी को भी दफना दुगी कफ़न के साथ

16. तुफान

कुछ अंधेरी कुछ उजाला
ये तुफान की हवा
हमें कहाँ लेकर आया
सांसो की चुभन
बस रुकने वाली थी
कही से ये ख्याब
बस ख्याबो में आया
थी बेचैनी
जिंदगी के दरम्यान
मेरी रुह भी छिनने वाली थी
माथे पे पसीना
होंठों पे लफ्ज़
कुछ कहने से पहले ही रुकने वाली थी
धड़कनो की आहट थमने लगी
कुछ याद नहीं
कुछ तो कहने वाली थी
खुली आँखें
और नम बरसाते
अश्क़ यहाँ भी बहने वाली थी
पतझड़ मौसम
तलब छाव की
दरिया में भी ना मिलने वाली थी
भारी मन,, भारी आवाज

किस ओर से आई थी
मेरे कानो में क्यों तुफानी आवाज
सुनाई थी
बेहिसाब आबताब डर का सिलसिला चला
कुछ कहु रूकोगे
ये आँधी सिर्फ मेरे भीतर ही क्यो आई थी

17. जिंदगी एक सफर

जिंदगी एक सफर, मुसलसल एक दर्द है
किश्तों में बटा यहाँ, हर एक गम है
जिंदगी एक सफर, मुसलसल एक दर्द है
उड़ान मंजिल की रास्ते बड़ा बेरंग है
गुफ्तगु करती जिंदगी की महबूबा हँसीन है
अक्स भी है और नक्स भी है
रुढना, मनाना, नफ़रत और प्यार ये जंग है
तड़प कर मरना जिंदगी की आखरी सत्य है
हम डब्बा है उस ट्रेन की, जो चलती पटरी पर हर पल है
हम वो झरोखा है जो गिरते, उठते और घायल होने से बचते
है जैसे हवा के बिना सांस नहीं, सुरज के बिना किरण नहीं

वैसे सफलता के बिना जीवन नहीं
है इसकी उम्र उसूलों से कोई कम नहीं
मुक़रना पड़ता है खुशीयो से इसका कोई ज़िक्र नहीं
जिंदगी एक सफ़र, मुसलसल एक दर्द है
किश्तों में बटा यहाँ ,हर एक दर्द है

18. हां हुं मैं धूल

क्या कहाँ..... ???
औरत पैरो की धूल है
वो दबे रहे तो अच्छा है
धूल को कभी सर पर नहीं चढ़ाया जाता
फिर क्यू उसी धूल को माँ कहकर बुलाया जाता
आखिर धूल का ही अंश हो तुम सब मर्द
फिर क्यू इतना अकड़ दिखाते हो हम सब पर
इतनी घृणा औरत से
तो क्यू उसे प्रेम जाल में हो फँसाते
क्यू....... आखिर क्यू ....???
क्या वजूद है मर्द का बिना औरत के
धूल तो तुमसब मर्द हो हर औरत के
उसी धुल के कोख में पलते हो नौ महीने
और आँचल में खेलते हो अपना सारा बचपन
फिर भी हर औरत मर्द को उच्चा स्थान दे रखा
और ये अपने ही जननी को पैरों को धुल कहते है
हाँ हुँ मै धूल ....तो क्या......???
जिसकी चाहत से तुम जन्म लेते हो
और जिसकी चाहत पर मर मिटने को तैयार रहते हो
हाँ वो धूल ही तो है
हां हुँ मैं धूल .....!!!

19. स्त्री का सफर

स्त्री का सफर किसी का
उतरन से होकर जूठन तक
फिर अनगिनत दवाब
मानो जन्म लेकर की हो गुनाह
बचपन से ही पांबदी
गलती किसी की भी हो
सुनेगी एक स्त्री
नजरें नीचे और सहमी आवाज
क्या स्त्री बोलने पर भी है गुनाहगार
जहाँ हो भय और डर का भण्डार
क्या संस्कार का होगा वही से शुरूआत
ये तेरा घर नहीं, ये मेरा घर
पर स्त्री को क्या मिला
सिर्फ पनाह, फिर भी घर को बनाया स्वर्ग
सबकी इच्छा का हो सम्मान
पर स्त्री को मिले आदेश और तिरस्कार
ये कैसा नियम है संसार
जिससे चलता है ये दुनिया सबकी
वही बोझ बनी है हर एक की
स्त्री का सफर है बहुत दूर तक
पर स्त्री एक ही जगह है क्यू स्थायी

20. हमारी गरीबी

मिट्टी के घर और खिलखिलाते हंसी, ऐ साहब देखो हमारी गरीबी

बचपन से धूप में तपते आए हैं हम, ऐ साहब देखो हमारी मेहनत की रोटी

खुदा ने तकदीर दिया है हमें सब कुछ सहने को, ऐ साहब देखो हमारी जिंदगी

हर चट्टान और हर सैलाब का हम सामना करते हैं, ऐ साहब देखो हमारी इम्तिहान की घड़ी

कष्ट है, त्याग है, जुनून है, संकल्प है, ऐ साहब देखो हमारा संघर्ष है सर्वोपरि

रंग है बेरंग है बेतहाशा और बेबसी, ऐ साहब देखो छिनते हैं गरीबों के हिस्से भी अमीरी

घर में चार लोग रातों में ठंड, ऐ साहब देखो एक ही कंबल में पूरे परिवार ने ठंड है गुजारी

मिट्टी के चुल्हे बर्तन भी है टुटी-फुटी, पात में एक भी दाना नहीं, ऐ साहब देखो हम सोते भी हैं भुखे ही

मिट्टी के घर और खिलखिलाते हंसी, ऐ साहब देखो हमारी गरीबी

बचपन से धूप में तपते आए हैं हम, ऐ साहब देखो हमारी मेहनत की रोटी

21. तुम और मेरी खामोशी

तुम और तुम्हारे ये ख्याल, मेरी खामोशी का राज पता कहां है तुझे
मेरे बारे में जो अफवाहें सुनी तूने सच है, पर सुनी नहीं सच तूने
हां हूं मैं घमंड पर कोई मुझसे बात नहीं की, और ना जानने की कोशिश की तूने
तुम और तुम्हारे ये ख्याल, मेरी खामोशी का राज पता कहां है तुझे
कितने दर्द को दबाए बैठी हूं मैं, पर ये भम्र लिए हर बार गलत समझा है मुझे तुने
मेरा चुप रहना मेरा कम हंसना हर वक्त तम में रोते रहना ये जाना कहां है तूने
तुम और ये तुम्हारे ख्याल, मेरी खामोशी का राज पता कहां है तुझे
मेरी सुनी निगाहे, खुशी के तकते राहे , बेचैन करते हैं हर बार ये उम्मीदें
अखबारों से बातें करना, बेख्याली में भी खुद का ख्याल रखना, आओ समझाए ये उलझे से मन तुझे
तुम और ये तुम्हारे ख्याल, मेरी खामोशी का राज पता कहां है तुझे
मेरी रोती किस्मत, मेरा हंसता दुश्मन, ख्वाहिशों के पन्ने उलझे से ,आओ दिखाएं तुझे
आंधियों से वास्ता, लहरों से रास्ता, डगमगाते कदम फक्र

से चलते हैं हम , देखो अपना हाथ मेरे हाथ में देकर मुझे
तुम और ये तुम्हारे ख्याल, मेरी खामोशी का राज पता कहां
है तुझे

22. हर लड़की की यही कहानी

क्या उन्हें बताएं कहानी
न बचपन है न जवानी
मां बापू के संग बचपन
सहेलियों के साथ है जवानी
उम्र में हुई 16 से 18
पिया के मेहंदी हाथों में रचाया
साजन के आंगन में जाकर
वही दौर फिर से दोहराई
सिमट-सी रह गई चारों ओर
सास-ससुर और जेठ-जेठानी
मां बापू ने मुझे सिखाया
यह घर तेरा है पराया
जा तु उस घर में
वहां तेरा अपना संसार समाया
इस घर को मंदिर में मानी
दुल्हन बनकर प्यार पाने आई
फिर से कानों में थोड़ी आवाज आई
तुम्हारा घर नहीं ये, जो चाहो वो मन किया
मेरा घर है मेरे हिसाब से तू रह जरा
हर लड़की की यही कहानी
ना बचपन है ना जवानी

23. हमारा प्यार तुझे बुलाएगा

हमारा प्यार तुझे एक दिन बुलाएगा
हद में हूं और हद से ज्यादा भी
बस इतना जान लो तुझे प्यार करती हुं
खुद से ज्यादा भी
अब चैन कहां मिलता है रातों को
बेचैन रहती हूं नींदों में भी
एक ऐसा सुरुर छाया है मुझ पर
कुर्बत भी है और मोहब्बत भी
मेरा एहसास तेरी जहन से होकर
तेरे दिल में जाएगा भी
हमारा प्यार तुझे एक दिन बुलाएगा
तुझे चिलमन में छिपाकर
तुझे अपने उल्फत में समाऊगी भी
अपने गुफ्तगू के लहजे
तेरे दिल में उतर जाऊंगी भी
मुकद्दर से छीन कर
तुझे अपना जान बनाओगे भी
फक़त मसरूफ मैं रहूंगी तेरी चाहत में
तेरी सोहबत के लिए खुद को मिटाऊगी भी
तेरे आगोश में खोने का मन करता है
तू मेरा होकर एक दिन, तु मुझ पर हक जताएगा भी
हमारा प्यार तुझे एक दिन बुलाएगा

24. पुरानी यादें

जब रात को हमारे आंगन में हम सब इकट्ठे हुआ करते थे
तब टिमटिमाते रात में हम एहसास को अपने तन पर पाते थे
अपनों का प्यार वो शहद सी मिठास बेहिसाब मिलते थे
वो बचपन में खिलखिलाहट, बिना गम के जिया करते थे
वो दादी की कहानियां वो मां का फटकार, अब जवानी में नहीं मिलते
वो सांझ का दिया और रोशन हर कमरा, सकून तो आलिंगन करते थे
वो रात का खाना सब बैठकर साथ में ,हर ओर से बस शोर हुआ करते थे
बातों का कतार खत्म ही नहीं होती, मानो वो रात आज भी हमारे पास होते
परिवारों का महफिल बड़ी खूब जमता था हमें क्या पता, सब वक्त के साथ खत्म हो जाने थे
वो सुबह का किरण, आसमान में पंछी आंख खुलते ही बस पंछियों को गिना करते थे
हम आंगन में सोते थे ना आसमानों से बातें करते थे
लौटना चाहती हूं वो जमाने में, जब थे सब अपने हमारे साथ में
हंसना चाहती हूं बेफिक्र होकर और फिर से खेलना चाहती हूं भाई बहनों के साथ में

25. मन

अपने मन से उलझनो को उतार कर पायल में बांध लिया है
देखो तेरे एक इशारे पर तर्जनी होठों पर रखकर शरमाया है
स्वप्नो से फूट रहा है जरा ठहर ठहर कर चल रागिनी की सुर में
अपने विचारों को असहाय करके उसके ह्रदय में उड़ेला है
सम्बल हमारे चुनर में हर धागे को जैसे प्रेम से पिरोया है
मर्जी की भेंट समेट कर हमारे देह पर लपेटा है
कंधे से पुष्प मानो महक परिपूर्ण हमारे रुह को छेड़ा है
मेरी आंखें से काजल चुरा कर ललाट पर काला कुमकुम बिखेरा है

26. तेरे आंगन में

तुलसी समझकर तुम मुझे, आंगन में बुला लो
मैं कोई हूर नहीं बस तुम, मुझे अपना बना लो
तेरी अक्स बनकर रुहानी में, तेरी उपासना करुंगी
सुबह की पहली किरण के साथ दुआएं करूंगी
वजूद मेरा बस तुझसे है, एक कांच की तरह जिंदगी है
अब अधीरत नहीं किसी मकसद में, वास्ता बस तुझसे हैं
अक्सर तेरे देवेश पर खुद को गुनाहगार समझती हूं
तुझे मनाने के लिए तुझसे ही लड़ जाती हूं
कैसी तुझसे ये बंदगी लगी, सबब मुझे ही मालूम है
तेरी सोहबत में मुकम्मल होने पर क़जा भी कबूल है
इतनी रिहायत कर देना तुम मुझ पर
तेरी गलियों से जब भी गुजरु, तुम मुझे आंगन में बुला लेना

27. तंग कर तारें

खिड़की पर टांग कर तारें
चांद का ख्वाब दिखाता है
अक्सर नींदों में बादलों सा
गुलाबों का पंखुड़ियां चुराता है
मृदु ,सूफियाना प्रीत लगाकर
जोगन-सा हाल बनाता है
स्वयं स्पर्श का टीस देकर
उभरती अनहोनी का राज छुपाता है
सैलाब-सा कसक लिए
आवेग को रात बनाता है
उन्माद, असहाय, बेकरी, निर्वाह
रागिनी के जद में बेरिदा आधार बनाता है

28. किरणों की महक

किरणों की महक उंगलियों से बटोर कर
दुआ में खैरियत का हाल पूछना है
परिंदों को आजाद पिंजरे भी कबूल नहीं
दुश्मनों को ऐसा एक हथियार बुनना है
सुने होगे मंजिल के कई सारे किस्से
हमें अपने जमाने में नया दौर चुनना हैं
राह चलते किसी मुसाफिर को राहें दे दो
हमें दोस्तों में भी नजर ए खास बनना है
शाम को वफा की बात करके कभी
रात के अंधेरों में ऐसा चिराग जलाना है
गुंजाइश नहीं की अब पैग़ाम में लिफाफा आए
कोई दस्तक दे दरवाजे तक ,तो थोड़ा सा उम्मीद जाग जाता है

29. अभीषेक की स्वीकृति

हमारे प्रेम रूपी के मोतियों में
जो बरसाए अभिषेक बनकर
गुथ कर अक्षत में हल्दी, कुमकुम
पहन ले उसे स्वीकृति से
हथेलियों पर रखकर जिंदगी दोनों की
हर क्षण में प्रार्थना करें ईश्वर से
कि एक दूसरे में अक्स बना रहे
मन का उद्‌गम करीब से
बस डुबा ले मादकता की तरह
जैसे शिवलिंग का अभिषेक हो गंगा से
वैसे अनुकृति कर दे हमारे मन को
अभीषेक के उस जल से
हाथों की रेखाओं में कृति दिखें
स्वयं से स्पर्श कर स्मृति दिखे
विस्तृत हो हमारे प्रेम के गांठ
मानो शिव पार्वती सी जोड़ी दिखे
वो हमारे रंग में रंगे
हम उसके हर रुप में रहे
हमारे हिस्से में हमारे प्रेम की प्रीत हो
जमीन से लेकर आसमान तक हमारे किस्से हो
इस अभिषेक की कृति ऐसे हो
जैसे कायनात में सृष्टि हो

30. मंजूर है

तेरे हर एक एहसास से गुजरना मंजूर है मुझे
धड़कनों के रास्ते चलना मंजूर है मुझे
तेरी सांसों में भरकर मैं सांस लेने आया हूं
तू कह दे "हां "तुझे मैं अपना बनाने आया हुं
जमाना क्या, हमारे इश्क की फरियाद सुनेगा
वह तो क्रुर के भाती, हमारा तिरस्कार करेगा

हमारे प्रेम विकल को कोई करुणा करेगा
यह असहज हैं, ऐसा कोई अपना तो नहीं करेगा
हमने चांद को सुस्ताते देखा है, बादलों में
लाख मजबूरियां हो ,पर कोई प्रीत का गठबंधन नहीं करेगा
किनारों पर आ जाते हैं लहरों में चलने वाले
तुम वफा के साथ मोहब्बत भी कर लो, तुम्हें गलत ही कहा
जाएगा
इतने तो जमीन है सफर करने के लिए
मगर दिल एक पर आ जाए, तो दिल कहां जाएगा

31. ख्वाब

एक ख्वाब और एक है जिंदगी
गर वो जिंदगी में ख्वाब ना हो पूरा
पूछो उस दिल की धड़कनों से
सांसों की डोर भी पूरी नहीं हो पाती
जो तड़प उठे हो रूह भी
तो शरीर भी कहां किसी की है, हो पाती
हम तो रो भी नहीं सकते, झूठी हंसी के अलावा
ना जाने कितने दुखों ने बारिश किते हैं मुझ पर
वो आंसुओं की चोट जब हमसे सहा नहीं गया
तो हंसते-हंसते हमने भी हर गम को कबूल किया
ब्यां तो कर दु, मैं सारे दर्द अपना
पर यकीन कीजिए वो आप से सुना नहीं जाएगा

32. हुश्न

हुश्न - ए - तारीफ क्या करूं
तेरे चेहरे पर जब जुल्फें आती है
मानो चांद को बादल ने ढक लिया हो
वह गुलाबी बदन पर इत्र की महक
मानो बागों में ताजी - ताजी खिले गुलाब हो
होठों पर वह शहद-सी मिठास
मानो जाम में छलकते शराब हो
यह मदहोश भरी आंखें तेरी
मानो रातों में उमड़ते शबाब हो
कायल हो गए हैं, हम तेरे मिजाज के
मानो तेरी अदाएं भी ,कत्ल करने को तैयार हो
वह तेरा हर पल हंसते रहना
मानो सुबह-सुबह सूर्यमुखी की मुस्कान हो

33. नींद

मैंने कहा,,, क्यों सोते हो तुम इतना
उसने भी हंसकर कहा
मेरी जान तुम पास तो नहीं आते मेरे
पर तेरे ख्वाब बहुत आते हैं
तुझसे वही मिलना होता है
इसलिए तेरा इंतजार नींद में ही होता है
तुम हो ही इतनी खूबसूरत
तेरी सादगी भी मुझे खूब आता है
वो शर्म से तेरी झुकी निगाहें
हम से सब कुछ बयां कर जाता है
वो ख्याब भी इतनी खूबसूरत होते हैं
की आंखों से नींद जाने का नाम नहीं लेता है
तुम मिलते हो वही मुझे
इसलिए मेरा दिन और रात नींद नहीं होता है

34. दुबारा प्यार

अगर हो जाए प्यार तुझसे दोबारा
तो बोलो मैं क्या करूं
फिर से चाहूं या फिर से गले लगाऊ
यह पहली मुलाकात बनकर
तुझसे मिलने चली आऊ
बोलो या शर्मा कर
तुझसे नजरे चुराऊ
या अजनबी के किरदार में
वापस लौट जाऊं
ताकि तू मेरी पहली मुस्कान देखें
और मुझ पर फिर से फिदा हो जाए
बोलो और क्या क्या करूं
या वो तीन शब्द मोहब्बत के
तुझसे सुनने का इंतजार करु
बोलो हक जताऊ
या अपने चेहरे से जुल्फे हटाऊ
या चुपके से तेरे पास आकर
तेरे बाहों में समा जाऊं
बोलो और क्या क्या करूं
अपनी मोहब्बत का जिक्र
तुझसे दोबारा करु
बोलो और क्या क्या करूं

35. अधूरी मोहब्बत

अधूरी सी मोहब्बत ,अधूरा सा मुलाकात
और जिंदगी का अधूरापन, अधूरा हमारा जज्बात
तन्हाइयों सी रात और खामोश तेरी याद
कब तक बेचैनी की आगोश में सोती रहूं
कब तक करु, मैं तेरा इंतजार
मसरूफ होने लगी हूं मैं खुद ही खुद में
अब मुझे खुद का नहीं रहता ख्याल
सुनो लौट आओ इस फैसले पर
तुझे ना होगा कभी मलाल
हम लहजे से करेंगे तेरे साथ गुफ्तगू
सबब तुझसे ही है अधूरा सा प्यार
तलबगार हो चुकी हूं मैं तेरी चाह में
आशिकी भी तुझसे है और बंदगी भी तुझसे ही
फकत रिहायत कर दो एक बार
हम सोहबत में तेरी रूहानी हो जाएंगे
ये अधूरी सी मोहब्बत को मुकम्मल कर दो
तेरी मोहब्बत में हम जियारत हो जाएंगे

36. वो मुझे मिल नहीं पाएगा

इतना तो जानती हूं मैं
वो मुझे मिल नहीं पाएगा
और मैं उसे भूल जाऊं
मेरा दिल उसे भूलने नहीं देगा
उसके भी आएंगे रिश्ते
और फिर कुंडली मिलेगी
वो शादी करके मुझे भूल जाएगा
फिर सोचो मेरे रुठने पर मुझे कौन मनाएगा
मैं जाऊंगी ना उसके शादी में उसे बुलाने पर
उसके दुल्हन को भी सजाऊंगी
अपने प्यार के चुनरी से
और रोऊंगी तो मैं भी
अपने जिंदगी के बिछड़ने के गम में
पर रोऊगी खामोशी से उसी के सामने
उसे आखरी बार अपना समझ कर जी भर के देखुगी
और उस दिन के बाद मेरी जिंदगी की उम्र सिर्फ घटेगी ही घटेगी
पर तुम मुझे अपनी यादों में जिंदा रखना

37. कोई अपना नहीं यहां

मैंने कहा था ना कोई साथ नहीं देगा
अकेले चलना पड़ता है यहां हर वक्त हर किसी को
कोई परवाह नहीं करेगा
नसीब भी खुद बनाओ और घर भी खुद बनाओ
जब तुम ऊंचाइयों को पहुंचोगे ना
तब तुम्हें संभालने वाले अपनों से लेकर अजनबी हो तक मिलेगा
और जब तुम गिरोगे ना तो उठाने वाले हाथ तक नहीं मिलेगा
सब मेहनत का खेल है वरना कहां किसी का इतना मेल है
जो मन भाये वो मित बने
और जो मन चाहे वो दुश्मन
देखना है बस उस दौर को
किसकी जिंदगी कमजोर पड़ती है
आज हंसने वाले हंस रहे हैं बहुत
कल क्या पता कल रोएंगे भी बहुत

38. मां

अपने देह को असहजता के साथ सीती नोकीले सुई से
अपने मन के अश्कों को धागा बना, एक-एक कतरा बटोरती
और टांग देती शशि पर टिमटिमाते तारों की तरह
और तपती उस सांझ के दीए की तरह अंधेरों में
सैंकड़ों यातनाएं लिए जीवन के पटरी पर चलती
और छुपा लेती अपने तन पर रेत की तरह गिरते दुखों को
ठहराव की चाबी भी नहीं उसके कमर में
फिर भी अपनों की खुशियों के लिए वो चौकीदार की भुमिका में रहती
हां वो मां ही तो है जो हर घर में लक्ष्मी की तरह वास है करती

It is to inform you all that this book may have some errors but they are truly unintentional. The Publisher, Editor of the Book, Designer of the book and the team involved in making of this book is not responsible for the errors in the book as the author hold all the rights to content.

But still we are sorry if any errors are found in this book and we will review the book with the Author and whole team to make this book error free.

धन्यवाद

Thankyou

www.ingramcontent.com/pod-product-compliance
Lightning Source LLC
LaVergne TN
LVHW041716060526
838201LV00043B/763